Cosas que me gustan de
Mi mascota

Trace Moroney

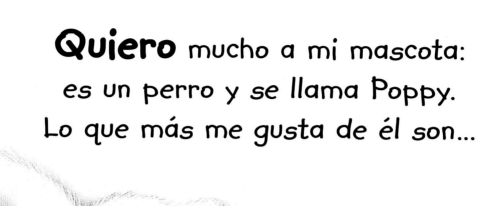

Quiero mucho a mi mascota:
es un perro y se llama Poppy.
Lo que más me gusta de él son...

sus ojos brillantes y alegres,

la manera en que mueve el rabo
cuando está contento...

y los **lametones** que me da en señal de cariño.

Paso mucho tiempo con Poppy
y nos gusta hacer muchas cosas juntos.

Jugamos con la pelota.

Cuando me despisto, a él le gusta
lamer mi helado.

También nos gusta
mucho cavar hoyos...

y correr aventuras
en lugares lejanos.

Tener una mascota es también saber cuidarla.
Como quiero mucho a Poppy,
lo cuido dándole lo que necesita cada día:

 agua fresca,

buena comida de perro,

un lugar cómodo
donde dormir...

y juguetes para que se divierta.

Lo saco a pasear...

y juego mucho con él.

Pero también hay cosas que tengo que hacer por él
que no me gustan:

decir a mamá que Poppy
le ha roto un zapato
al morderlo...

¡y recoger su caca
para tirarla!

Al aprender a cuidar a mi mascota,
también aprendo cómo funciona su cuerpo
y qué hacer para que esté sano y contento.

Poppy es mi mejor amigo
y hace que me sienta querido.

A veces, cuando estoy triste,
Poppy parece notar que no estoy bien.
Entonces se acerca a mí muy cariñoso
y hace que me sienta mucho mejor.

Hay muchos tipos de mascota:
hay mascotas pequeñas, grandes,
peludas, habladoras...

¡Algunas hasta dan miedo!

¡A mí me gusta mucho mi perro Poppy
y creo que es la **mejor** mascota del **mundo!**

Te quiero, Poppy.

NOTA PARA LOS PADRES

La colección **Cosas que me gustan de** muestra ejemplos sencillos de situaciones cotidianas de los niños para, a partir de ellos, generar un pensamiento positivo.

Tener una actitud positiva es, simplemente, ser optimista por naturaleza y mantener un buen estado de ánimo. Pero ser positivo no significa no ser realista. Las personas positivas reconocen que las cosas malas les pueden ocurrir tanto a las personas optimistas como a las pesimistas; sin embargo, las personas positivas buscan siempre la mejor manera de resolver los problemas.

Los investigadores de la psicología positiva han comprobado que las personas con actitud positiva son más creativas, tolerantes, generosas, constructivas y abiertas a nuevas ideas y experiencias que aquellas con una actitud negativa. Las personas positivas tienen relaciones personales más satisfactorias y una mayor capacidad para el amor y la alegría. Además, son más alegres, sanas y longevas.

En este libro he usado muchas veces la palabra *gustar*, ya que es una palabra simple pero poderosa que se usa para enfatizar nuestro pensamiento positivo sobre las personas, cosas, situaciones y experiencias. Creo que es la palabra que mejor describe el *sentimiento* de vivir de manera optimista y positiva.

LAS MASCOTAS

Tener una mascota y cuidarla es una experiencia muy gratificante y enriquecedora, que puede tener efectos positivos en el bienestar psicológico y fisiológico.

Las mascotas nos hacen compañía, nos dan cariño y afecto, son leales, amistosas y ayudan a mitigar o aliviar sentimientos como la soledad, la tristeza o la ansiedad.

Los niños son los que más se benefician de tener una mascota en la familia. Aprenden a ser responsables, a cuidar de otros, a vivir la pérdida, desarrollan la empatía y adquieren lecciones de vida muy valiosas.

❤

Trace Moroney

Trace Moroney es una autora e ilustradora de éxito internacional.
Se han vendido más de tres millones de ejemplares de sus libros,
traducidos a quince idiomas.

Título original: *The Things I love about Pets*
Dirección editorial: Elsa Aguiar
Traducción del inglés y coordinación editorial: Teresa Tellechea
Publicado por primera vez en 2011 por The Five Mile Press Pty Ltd
1 Centre Road, Victoria 3179, Australia
© del texto y de las ilustraciones: Trace Moroney, 2011
© The Five Mile Press Pty Ltd, 2011
© Ediciones SM, 2013
Impresores, 2 - Urbanización Prado del Espino
28660 Boadilla del Monte (Madrid)

Atención al Cliente
Tel.: 902 121 323
Fax: 902 241 222
clientes@grupo-sm.com

ISBN: 978-84-675-6061-9
Depósito legal: M-37360-2012
Impreso en China / *Printed in China*